Tegernsee, Klosterkirche

Meinen Kindern

Maria Pustejovsky

Drei Scheiteln Holz

Erlebnisse einer Zuagroasten

Impressum

Die Deutsche Nationalbibliothek verzeichnet diese Publikation in der Deutschen Nationalbibliografie; detaillierte bibliografische Daten sind im Internet über http://dnb.dnb.de abrufbar.

© 2021 Dr. Otfrid Pustejovsky (Herausgeber)

© 1987 Maria Pustejovsky

Lektorat: Julia Ubbelohde

Satz, Layout: Clemens Pustejovsky

Herstellung und Verlag: BoD – Books on Demand, Norderstedt

ISBN: 978-3-7526-0376-7

Inhalt

Vorwort zur Neuauflage

In Bayern ist ein „Zuagroaster" ein Zugewanderter, ein Zu-Gereister. Wir jedoch, die Vertriebenen, die sogenannten Flüchtlinge, wurden nach 1945 eingewiesen und nur unfreiwillig aufgenommen. Wie haben wir die folgenden Jahre 1946-1950 erlebt?

Im Tegernseer Lokalteil des *Münchner Merkur* wurden kürzlich Auszüge aus diesen etwa zwischen 1960 und 1987 verfassten anekdotischen Erinnerungen an die Nachkriegszeit in und um Tegernsee veröffentlicht. Sie stammen aus der Feder einer einfachen Hausfrau und Kriegerwitwe – meiner Mutter. Die Episoden haben das Interesse an dieser Zeit im Tegernseer Tal erneut geweckt und mich dazu veranlasst, das Büchlein neu aufzulegen, nachdem es erstmals im Jahre 1987 im Privatdruck veröffentlicht wurde.

Die darin enthaltenen Geschichten geben aus der Sicht einer aus der Tschechoslowakei vertriebenen Mutter mit ihren drei Kindern verschiedene Situationen in einer sich zunächst verschließenden, dann aber zur Heimat werdenden Ortschaft im bayerischen Oberland wieder. Es sind gewiss keine Abhandlungen mit historisch genau wiedergegebenen Daten, die Texte sind jedoch von präziser Beobachtungsgabe und entstammen einer emotionalen Grundhaltung sowie einer tiefen Frömmigkeit.

In diesem Sinne eröffnet sich den interessierten Leserinnen und Lesern ein geradezu lebendiges Kapitel der sehr komplexen Nachkriegszeit der Jahre 1945 bis 1949/50. Erst seit wenigen Jahren wird die Nachkriegsgeschichte in Deutschland und damit ebenfalls in Bayern auch von der Geschichtswissenschaft – die jahrzehntelang „von oben" und sehr oft nur selektiv geforscht hat – näher betrachtet und dargestellt. Damit werden endlich die hunderttausendfachen Erfahrungen, Beobachtungen, Erlebnisse, Leiden und kleinen Freuden der Frauen und ihrer Kinder bemerkt, recherchiert und einer breiten Öffentlichkeit zugänglich gemacht. Vor allem die Journalistinnen, Historikerinnen,

Ärztinnen und Psychotherapeutinnen Helga Hirsch, Sabine Bode, Hilke Lorenz, Ulla Lachauer, Sonya Winterberg, Luise Reddemann und viele andere, ja neuerdings selbst eine junge tschechische Literaturwissenschaftlerin, Kateřina Kováčková, haben vor allem in den letzten beiden Jahrzehnten einer wachsenden, interessierten Leserschaft die Schicksale dieser Frauen- und Kindergeneration nähergebracht.

So haben die Erinnerungen von Maria Pustejovsky, die anlässlich ihres 80. Geburtstags im Jahr 1987 für eine kleine Leserschaft erschienen sind, seinerzeit über den engeren Familien- und Freundeskreis hinaus praktisch keinen Widerhall gehabt. Nun aber, im 3. Jahrzehnt des 21. Jahrhunderts, erwecken sie ein vielfach geäußertes Interesse, das mit der Wiederentdeckung der scheinbar längst vergessenen oder nicht mehr selbst erlebten Nachkriegszeit im damaligen „Lazarett-Ort" Tegernsee verbunden ist.

Ich habe am ursprünglichen Text nichts verändert oder korrigiert, lediglich einige Umstellungen vorgenommen, um den Eindruck dieser aus der „oral history" stammenden Aufzeichnungen nicht zu verändern. Die Fakten als solche sind durchaus richtig. Zu den ursprünglichen Texten habe ich noch ein paar Gedichte meiner Mutter aus einem 1982 unter dem Titel „Heimatlos" erschienen Bändchen hinzugefügt.

Die Tuschezeichnungen von Frau Trude Richter, einer Freundin meiner Mutter, wurden ihr seinerzeit als Geschenk zum 80. Geburtstag überreicht. Die Zeichnung des Schlesisch-Ostrauer Schlosses, einer Burganlage aus dem 13. Jahrhundert, hat der tschechische Maler Adolf Ullmann noch in kommunistischer Zeit meiner Mutter als Gegengabe für ihre jahrelange Unterstützung über die Ostblock-Grenzen hinweg übereignet.

Das damalige Vorwort stammt von der caritativ engagierten Sozialwissenschaftlerin Dr. Martha Krause aus der Oberammergauer Christus-Darsteller-Familie Lang, einer Freundin meiner Mutter.

So ist dieses Büchlein als ein Stück bayerischer und deutscher Geschichte nach dem furchtbaren 2.Weltkrieg und dessen bis in die Gegenwart immer noch spürbaren Folgen anzusehen.

Last but not least: Ohne die umfassende Hilfe meines Sohnes Clemens und meiner Schwiegertochter Julia hätte diese Neuauflage kaum realisiert werden können. Dafür Dank.

Otfrid Pustejovsky, Waakirchen/Obb, Januar 2021

Vorwort

Gern schicke ich dieses Vorwort dem Büchlein „Drei Scheiteln Holz" von Frau Maria Pustejovsky voraus.

Das Altern eines Menschen wird häufig auch heute noch als eine Grenzerfahrung beurteilt, die Anlaß zu vielen pessimistischen Urteilen über den Wert des Alters gibt. Nicht alle Beobachter sehen es nämlich als Lebensabschnitt eigener Art und eigener Chancen, wie alle vorausgegangenen Lebensperioden. Glückliches Altern ist sicherlich zum großen Teil abhängig von Elternhaus und guter Kindheit, von Bildungsverlauf und der Ausstattung mit ausreichenden materiellen und gesundheitlichen Gütern. So wichtig aber diese Voraussetzungen auch sein mögen, sie reichen allein nicht aus für Zufriedenheit im Alter. Es gehört dazu eine offene Haltung dem menschlichen Dasein gegenüber, die positive Einschätzung der Umwelt – bei aller Kritik an lebenswidrigen Umständen, die einer vollen Ausschöpfung menschlicher Möglichkeiten im Wege stehen. Nicht fehlen darf dabei die Phantasie für eine Planung von Zukunft, die dem Alter eine besondere Qualität geben soll. Vor allem aber gehört zum glücklichen Altern die Überzeugung, daß der ganze Lebensweg mit seinen Höhen und Tiefen einen Sinn in sich trägt.

Die Verfasserin der vorliegenden kurzen Geschichten hat 8 Lebensjahrzehnte hinter sich gebracht. Zu seinen hervorstechendsten Krisen müssen wohl der frühe Verlust des Ehemanns, die Ausweisung aus der angestammten Heimat in Mähren mit 3 kleinen Kindern und ein höchst schwieriger wirtschaftlicher und sozialer Neubeginn in Bayern gerechnet werden, wie sie eben der Status einer Kriegerwitwe und Flüchtlingsfrau seinerzeit mit sich brachte. Man mag sich fragen, aus welchen Reserven heraus dies möglich war.

Mir scheint, im vorliegenden Fall war es die hohe Gabe der ständigen Bereitschaft zur Kommunikation. Für Maria Pustejovsky heißt Mensch sein vor allem: Mitmensch sein. Ihr hervorragendes Markenzeichen besteht darin, daß es ihr scheinbar mühelos gelingt neue Beziehungen herzustellen und geknüpfte Verbindungen zu erhalten. Solche

Bereitschaft ließ sie eine Vielfalt ineinandergreifender caritativer Tätigkeiten
aufnehmen, ließ sie Berge von Postpaketen an Bedürftige verschicken und grenzüberschreitende Briefwechsel und gegenseitige Besuche aus aller Herren Länder durchführen.
Das Erstaunlichste daran ist, daß die Spontanität, die praktische Hilfsbereitschaft und ihr wacher zupackender Sinn für andere auch im 8. Lebensjahrzehnt offenbar nicht ermattet ist. Die Verfasserin scheint zu jenen „alterslosen" Frauen zu gehören, die selten geworden sind. Ihre Phantasie, ihre Lust an der Gestaltung von Beziehungen, ihre tiefe Verbundenheit mit fremder Leute Geschick läßt sie nicht zur Ruhe kommen. Oder tritt sie vielleicht jetzt doch in den Ruhestand, weil sie anfängt ihre Tegernseer Erlebnisse zu Papier zu bringen?
Es wäre schön, wenn mancher Leser – manche Leserin – das eigene Bild von alten Menschen und ihrer Freizeitbeschäftigung korrigieren könnten. Dies Büchlein würde dazu vielleicht einen Anstoß geben.

Dr. Martha Krause, geb. Lang

Wo ist es schöner?

Am 25. September 1946 kam unser Transport aus einem sudetendeutschen Städtchen in Miesbach an. Es war der 7. und letzte Transport, der in den Westen geleitet wurde, die weiteren gingen in den Osten.

Es war spät abends, aber die Abordnung der Gemeinde, die uns abholen sollte, meinte, wir sollten noch diese eine Nacht im Zug, den „Viehwaggons" verbleiben um die schlafenden Kleinkinder nicht wecken zu müssen.

Nach vier Nächten und fünf Tagen kam es nicht mehr darauf an und wir waren froh, diese Odyssee glücklich überstanden zu haben, obwohl in unserem Waggon Nr. 27 ein Mann verstorben war und der Tote zwei Tage und Nächte mitten unter uns gelegen hatte.

Nur ein einziger Leidensgenosse, ein Kapuzinerpater, durfte den Zug verlassen.

P. Wolfram Prohaska, der 10 Jahre als Guardian im Kapuzinerkloster des Städtchens segensreich gewirkt hatte, war gebürtiger Haushamer, Sohn eines Bergmannes. P. Wolframs Ordensleben begann in Südtirol. Als dieser Gau an Italien fiel, mußte er das Kloster verlassen und kam bis zur Vertreibung ins Sudetenland. Obwohl er bereits mit dem 1. Transport im Frühjahr 1946 das Land verlassen sollte, weigerte er sich und verblieb bei seinen Landsleuten und Pfarrangehörigen bis zum letzten Augenblick.

Nun wurde der betagte Pater von seinen Verwandten, der Bruder war ebenfalls Bergmann, abgeholt.

Der ganze Zug blieb im Bahnhof stehen und die Heimatlosen verbrachten noch diese 5. Nacht auf ihrem kargen Lager.
Am nächsten Tag kamen sie in eine provisorisch eingerichtete Schule. Nun konnten sie sich endlich waschen, umziehen und bekamen warmes Essen.

Es war ein herrlicher sonnenwarmer Herbst. Die Kinder

spielten unbehelligt und unbeschwert draußen und sammelten Bucheckern.

Am folgenden Tag kam ein Herr in unseren Aufenthaltsraum und fragte, wer gewillt sei, beim Ausfüllen der „Flüchtlingsausweise" zu helfen. Ich meldete mich, von den schweren Erlebnissen befreit, dankbar, dem revolutionären Inferno entronnen zu sein und eine neue Heimat gefunden zu haben.

Nach einwöchigem Aufenthalt hieß es, die „Flüchtlinge", wie sie irrtümlich benannt wurden (es waren keine Flüchtlinge sondern Heimatvertriebene), sollten schließlich eine Bleibe finden und den verschiedenen Gemeinden zugewiesen werden. Der Herr, der uns gebeten hatte, ihm beim Ausstellen der Ausweise zu helfen, bat mich ins Büro und meinte: „Sie haben uns spontan und brav geholfen, dafür dürfen Sie sich nun im Landkreis einen Ort wählen, in denen sie gehen wollen. Wir haben 32 Gemeinden".

„Nicht wohin ich will, sondern wohin ich muss", erwiderte ich. „Mein Bub ging daheim bereits ins humanistische Gymnasium, welches 1944 Uhr nach einem Bombenvolltreffer geschlossen wurde. Er hat bereits zwei Jahre verloren. Wo also bitte sind höhere Schulen?" „In Miesbach, unserer Kreisstadt, und in Tegernsee", antwortet der Sozialreferent.

„Wo ist es schöner?" fragte ich naiv und unwissend. Sehr erstaunt und fast belustigt antwortete der Beamte, beinahe stotternd: „Naja, in Tegernsee ist es schöner." So kam ich mit meinen drei Kindern in den schönen Tegernsee Winkel, wo wir unser künftiges Domizil fanden.

Vergebliches Warten

Endlich nach zwei unfreiwillig versäumten Schuljahren hatten die Kinder wieder regelmäßigen Unterricht.
Die Kleinste kam in die erste Klasse. Aus Raummangel gab es nach dem Krieg in den meisten Schulen Schichtunterricht. Nur die Erstkläßler hatten immer vormittags Schule.

Unsere A-B-C-Schülerin ging gern zur Schule, obwohl man mir beim Einschreiben riet, sie noch ein Jahr daheim zu lassen, denn die ersten Monate seien nur schwer nachzuholen. Aber unsere Kleine bestand darauf und wie ich sie kannte, würde sie die Probleme meistern.

Und deswegen war ich erstaunt, daß sie auf einmal begann, unpünktlich aus der Schule zu kommen. Ob sie doch vielleicht nachsitzen mußte um Versäumtes nachzuholen? Und es nicht eingestehen wollte?

Als sie wieder einmal sehr verspätet zum Essen kam, war ich böse und fuhr sie an: „Wo strabanzt Du so lange nach der Schule herum? Die anderen Kinder im Hause sind schon lange daheim?"
Da begann sie zu weinen und erwiderte schluchzend: „Ich gehe immer den Bahnhofberg hinauf und denke, vielleicht kommt der Vati mit dem Mittagszug."

Mutti, weiß der Nikolo alles?

Der Nikolaustag rückte immer näher. Die Kinder fieberten ihm ungeduldig entgegen, erwartungsvoll aber auch zwiespältig, wusste er doch über ihre Untaten Bescheid

Tags zuvor saß ich Strümpfe stopfend im Zimmer, die beiden älteren Geschwister waren in der Schule und neben mir saß spielend die Kleinste.

Unvermittelt fragte sie: „Mutti, weiß der Nicolo alles, ganz wirklich alles?"

„Natürlich", erwiderte ich, „Du weißt doch noch vom letzten Jahr, was er euch sagte und wie er euch ermahnte."

Da wir den größten Raum in der ehemaligen Pension bewohnten (Lesezimmer), lud ich die vielen Kinder ein. Es gab sehr viele in dem geräumigen Haus, welches uns als provisorisches Lager diente.

Einen Bekannten, der als Mesner im Pfarrhaus beschäftigt war und der zu dem Kreis der Leidensgenossen nach der Vertreibung gehörte, (ich hatte ihn durch meinen ministrierenden Buben kennengelernt), bat ich, den Heiligen zu vertreten. Er versprach es gern und bekam von Pfarrer Bergmeier die dazu nötige Kleidung.

So, herrlich angetan mit Bischofsmütze, Stab und in einem prachtvollen Gewand, mit wallendem Bart und langen weißen Haaren, betrat er unter Glockengeläute das Zimmer. Der mit Ketten rasselnde „Teufel" musste draußen bleiben.

Jedes Kind wusste ein Sprüchel oder ein Liedchen und bekam mit freundlichen Ermahnungen ein Päckchen.

Jetzt kam unsere Kleinste an die Reihe. Sie stellte sich mutig direkt vor den Hl. Nikolaus und fragte: „Heiliger Nikolaus, weißt du alles?"

Betroffen waren alle anwesenden Muttis, Tanten und auch ich. Was bezweckte das Kind mit dieser Frage, die sie mir tags zuvor gestellt hatte?

Auch der Nikolaus war verlegen und keinesfalls auf so eine direkte Frage vorbereitet. Mit dem Brustton der Überzeugung erwiderte er verunsichert: „Selbstverständlich weiß ich alles."

„Dann sag mir bitte, wo mein Vati ist?" – so das Kind.

Alle waren über diese ungewöhnliche Frage schockiert. Der Nikolausvertreter räusperte sich verlegen und suchte nach Worten. Dann erwiderte er: „Selbstverständlich weiß ich alles über Dich und alle Kinder. Ob ihr brav seid und folgsam, ob ihr betet und die Schulaufgaben macht – aber was Du mich gefragt hast, weiß nur der liebe Gott."

Das Kind schwieg. Nie habe ich erfahren, was sie damals gedacht hat. Aber von diesem Tage an hat sie nie mehr nach dem Vater gefragt oder von ihm gesprochen.

St. Nikolaus

Kommt der Heilge Nikolo
o wie sind die Kinder froh,
sie ehren den würdigen Greis,
mit den Haaren so silberweiß.
Er trägt auch immer was im Sack
Apfel, Nüsse und Zuckerback.
Dies teilt er unter Mädchen und Knaben,
die sich am Zuckerwerge laben.
Doch kommt der Krampus mit seiner Rute
und hält am Buckel die große Pute,
da wirds den armen Kindern bange,
denn es dauert gar nicht lange
da packt er sie manchmal am Schopf –
und steckt sie in die Pute zuerst mit dem Kopf.
Drum Kinder seit artig, fleißig und gut,
damit der Krampel euch nichts tut.
Dann kommt in euer Haus mit vielen
Sachen der Heilige Nikolaus.
(Gedicht einer Achtjährigen)

Ofen ohne Rohr

Im Jänner 1947 war es grimmig kalt. Das Thermometer fiel sogar bis 20 Grad unter Null.

Wir froren jämmerlich im ehemaligen Lesezimmer, dem uns zugewiesenen Raum, direkt neben der Eingangstür zum Garten, mit drei undichten Fenstern.

In dem karg möblierten Raum, mit zwei schmalen Betten und mit nur zwei Zudecken, gingen die Kinder öfter fast halb angezogen schlafen.

Die anderen „Zwangsmieter", wie wir genannt wurden, bewohnten in den Stockwerken möblierte Zimmer, die nebeneinander gelegen relativ warm waren. Mit fließendem Wasser, während wir im Hof uns das eiskalte Wasser holen mußten.

Eines Tages wurde mir vom Landratsamt ein sogenannter Flüchtlingsofen bewilligt. Unter vielen Bewerbern war ich die Auserwählte. Wir konnten es kaum fassen, endlich einen eigenen Ofen zu besitzen.

Aber dies ging nicht problemlos über die Bühne. Es wurde daraus ein Schildbürgerstreich.

Als ich froh und beschwingt in das Eisenwarengeschäft ging um den Ofen abzuholen, bekam ich ihn zwar ausgehändigt, jedoch leider ohne Rohr.

Ich meinte: Ohne Rohr sei der Ofen doch wohl kaum zu gebrauchen, zumal wir ja in einem hohen Raum ein besonders langes Rohr benötigten.
Umsonst mein Einwand. Auf dem Bezugschein stand kurz und bündig „Ein Flüchtlingsofen". Aber kein Rohr.

So ging ich enttäuscht und bedrückt heim. Dann kam mir ein Gedanke: Spontan schrieb ich auf den Bezugschein „mit Ofenrohr".

Als ich wieder in den Laden kam, gab ich einem Angestellten den Schein. Aber der merkte sofort den Schwindel und fragte: „Wer hat den Zusatz geschrieben?"
Ich entwand ihm den Bezugschein und rannte aus dem Geschäft.

Heulend ging ich auf die Gemeinde zum Sozialreferenten und klagte mein Leid. Er war schockiert und meinte, da könne er nichts tun, ich müsse zum Bürgermeister persönlich. Denn, so sagte er sehr ernst, was ich da angestellt habe, sei Urkundenfälschung.

Zitternd wie Espenlaub ging ich zum Bürgermeister. Er war ein grundgütiger und hilfsbereiter Mann, was wir im Laufe seiner Amtszeit später noch öfters erfahren haben. Er las den Schein durch und fragte in echt-bayrischem Dialekt: „Des host Du gschriebn?" – Als ich bejahte, schlug er sich auf die Schenkel und lachte, lachte, daß die Decke dröhnte. Noch einmal fragte er belustigt: „Des host Du gschriebn?" Und ich bejahte abermals, noch immer weinend. Als er sich gefaßt hatte, murmelte er wie zu sich selbst: „Die Deppen, was soll a Ofen ohne Rohr?" -

Er schrieb etwas darunter und während ich dankte, begann er wiederum zu lachen - er lachte noch immer, als ich bereits auf den Stiegen war.

Aber ins Geschäft wagte ich nicht mehr zu gehen. Ein Nachbar ging mit meinem Buben in den Laden, um den Ofen mit Rohr abzuholen.

Nicht gerade freundlich wurde ihnen der Ofen übergeben.

Ich habe nie erfahren, was der damalige Bürgermeister dazugeschrieben hatte.

Karpfen am Gehsteig

„Ach bitte Kinder, holt mir den bestellten Karpfen in der Rosenstraße ab, ich hab viel zu tun". „Lebend oder tot?" so meine zwei kleinen Mädchen. „Natürlich tot, das machen schon die Verkäufer" so beschied ich den beiden.

Den letzten Karpfen hatten wir am Heiligabend 1944 aus den gräflichen Teichen in Dielhau, nahe Oderfurt, gegessen.

Seit unserer frühesten Kindheit war der Karpfen das Hauptgericht am 24. Dezember, einem zu damaliger Zeit strengen Fasttag.

Nun sollte also nach drei Jahren dieser edle Fisch auf unseren Weihnachtstisch kommen.

Die Kinder blieben lange weg – sicher mußten sie anstehen. Endlich kamen sie, verheult und mit tränenverschmierten Gesichtern, an.

In der neu erstandenen graumellierten Pfanne lag voll Blut der Karpfen. Mit halb zerschlagenem Kopf, ich sah entsetzt das arme Tier an.

Schluchzend erzählten die Kinder was geschehen war. Die Ältere begann zu sprechen: „Der Verkäufer wog den Fisch, gab ihm einen Klaps auf den Kopf und legte ihn in die Pfanne. Auf der Straße sprang er uns lebend heraus und wir schrien laut. Da kam ein Mann und gab dem Fisch wieder einen Klaps, indem er ihn an das Brückengeländer schlug und wir gingen weiter. Auf dem Bahnhofberg sprang der Karpfen wieder aus der Pfanne, die wir fallen ließen. Da kam unser Briefträger und sagte lachend, daß er ihn nun ganz tot machen würde."

Mit sehr gemischten Gefühlen wusch ich den ramponierten Fisch. Die Kinder rührten den Karpfen am Heiligabend nicht an. Auch mir war der Appetit auf das Heiligabendessen, auf das ich mich gefreut hatte, vergangen.

Weihnachten

Weihnachten von allen Festen
das Schönste ist im Jahr
wie läuten die Weihnachtsglocken
ins Herz so wunderbar.
Weihnachten du Fest der Freude
mit deinem Lichterschein,
erfreust du alle Menschen
auf Erden – Groß und Klein.
Weihnachten du Fest der Lieder
erschallet nur mit frohem Klang,
es singen die Menschen dankbar
dem lieben Jesukind Dank.
Weihnachten du Fest der Liebe
mögest allen du hienieden
immer Fest der Liebe bleiben,
bringen Glück und Frieden.
(Weihnachtsfeier der „Flü" 1947)

Der Heimatlose vor der Krippe

Zagend steht der Heimatlose
vorm Krippelein und hebt den Blick,
grau wie der Wintertag ist`s in der Seele
und keine Brücke führt zurück.
Mit traurigen Augen er betrachtet
den ärmlichen Stall, ohne Wärme und Licht
und sieht des Jesukindleins Armut
das aus diesem Bilde spricht.
Die größte Liebe des Jesukindes
zum Menschen – erwählte die bitterste Not
und dieser großen Liebe vertraun
sei unser stetes, höchstes Gebot.
(1946)

Tausche Puppenküche gegen Weckeruhr

Im Hotellager, Hotel „Bayerischer Hof", das vierte seit wir in Tegernsee angekommen waren, wohnte auch eine Familie mit vier Kindern. Der Vater war Friseurmeister, er hatte Glück und bekam bald eine Stelle in Rottach-Egern.

Viele Kinder waren in diesem provisorischen Lager und so lag es auf der Hand, daß sie sich gegenseitig besuchten. Abends suchten die Eltern dann ihren Nachwuchs.

So kam eines Abends auch der vierfache Vater und rief plötzlich aus: „Ach, Sie haben eine Weckuhr!" Ja, wir besaßen eine, geerbt von einer befreundeten Familie, welche in unserem Wohnhaus in der alten Heimat eine Souterrainwohnung gehabt hatte. Diese Wohnung war später unsere Rettung gewesen.

Die sich mehrenden Bombenangriffe hatten mich gezwungen der Kinder wegen das Angebot anzunehmen, in dem separierten Zimmer unserer Freunde im Kellergeschoß zu nächtigen.

Hier hausten wir. Die nicht zu großen Fenster hatte unser damals 10-jähriger Bub kreuz und quer mit Brettern vernagelt. Auch dies sollte sich später als Rettungsanker erweisen, als mich die Russen jeden Abend suchten (Germanskis).

Als es immer unerträglicher geworden war, hatte der Nachbar beschlossen, spontan mit den Seinen in einen kleinen Ort zu den Eltern in den Sudetengau zu ziehen. Wir wohnten im sogenannten Protektorat. Man hatte ihn nämlich auf dem Heimweg von der Arbeit zusammengeschlagen. Ganz heimlich gingen sie nachts versteckte Wege zum Bahnhof und nahmen nur das Nötigste mit.

Den Wecker hinterließen sie uns – er hatte ein Geläute, das Tote hätte erwecken können. Wir zogen ihn nie auf, um uns nur ja nicht zu verraten. Diesen Wecker hatten wir tatsächlich in die neue Heimat mitgebracht.

Als nun der Friseurmeister diese Uhr erblickte und die Kinder gerade den Raum verließen, machte er mir einen Vorschlag. Ob ich diese Weckeruhr nicht gegen eine handgemachte Puppenküche tauschen würde. Sein Kollege klage, daß er keine Uhr habe und oft zu spät zum Dienst käme.

Ich überlegte nicht lange. Ganz bescheidene Geschenke, aus Geldmangel selbstgefertigte, hatte ich für meine beiden Mädchen, die noch ans Wunder des Christkindels glaubten. Was würden sie zu diesem Geschenk sagen?

Der Tausch fand am Vorabend des Christfestes statt. Ich war sehr überrascht über die wunderhübsche, gediegene Ausführung. Bis in die kleinsten Details war alles vorhanden: Fenster, Türe, Vorhänge, entzückende Möbel. Sogar ein eingerahmtes Bild hing an der Wand.

Diplomatisch hatte ich die Kinder vorbereitet, keine großen Wünsche aufzuschreiben. Der Brief ans Christkind lag schon Wochen vorher im Fenster.

Am 24. ging ich mit den Kindern in die Kirche. Mit der Nachbarin vereinbarte ich die Zeit, um die Kerzen zu entzünden, die uns ein Nachbarssohn in Blechröhren aus alten Kerzenresten gegossen hatte.

Als ich die Türe öffnete, stießen die Kinder einen Freudenschrei aus. Ebenso der große Bruder, bereits ein Gymnasiast. Alle waren erstaunt über das geschmückte Zimmer. Überall lagen Tannenzweige, auch am Ofen, sie verbreiteten einen würzigen Duft.

Die Sechsjährige blickte gebannt auf die Puppenküche und sagte vorerst kein Wort. Ganz still kniete sie vor dem wunderschönen Spielzeug und ich war beinahe enttäuscht, daß die Kleine nicht in überschäumenden Worten ihre Freude zeigte.

Nach dem gemeinsamen Tischgebet sagte sie zu unserem großen Erstaunen: „Mutti, ich habe mir so sehr eine Puppenküche gewünscht, hatte aber Angst, das auf den Wunschzettel zu schreiben. Als wir dann vor der Tür standen, bat ich das Christkind, wenn es möglich ist, soll es mir doch eine Puppenküche bringen."

Was muß in dem Kind vorgegangen sein, diesen heißen Wunsch, an den es einige Minuten vor der Bescherung innig gedacht hatte, erfüllt zu bekommen.

Auch ich wurde sehr nachdenklich und es wurde mir warm ums Herz. Durch den Tausch unserer einzigen Zimmeruhr hatte ich meiner Kleinsten ihren Herzenswunsch erfüllt.

Dies ist eine jener Begebenheiten, die wir „die kleinen Wunder des Lebens" nennen, und die wir einander erzählen, wenn wir von jenen lange vergangenen Zeiten reden.

Wahrheit

Sag den Menschen nur einmal
ein einzig wahres Wort,
Jagt man dich mit Schimpf
aus jedem Orte fort.
Die Wahrheit will niemand hören,
man hört nur auf Schmeichlei –
drum sprech ich zu den Menschen
nur in Poesei.
Da sage ich den Leuten
Verse ins Gesicht,
nachsichtig lächeln viele,
aber sie ärgern sich nicht
Keiner von ihnen ahnt,
daß es ihm selber gilt,
weil er das ganze nur
für harmlose Verse hielt.

Ein Paar Socken fürs ganze Leben

Wir hatten daheim am Heiligabend öfters einen Gast, der allein und einsam war. Nun sollten wir den ersten Heiligen Abend in der neuen Heimat begehen.

Nach Tegernsee hatte man noch im Krieg alle Kliniken aus München evakuiert, noch waren zum Beispiel im ehemaligen Steinmetzhotel Schwerverletzte und Blinde untergebracht.

Ich beriet mich mit meinem Kleeblatt, ob wir uns nicht einen Soldaten einladen sollten, und die Kinder waren begeistert. Ich ging also am nächsten Tag ins Lazarett und brachte meine Bitte vor.

Der Herr in der Portierloge sah mich lange an, so lange, daß es mir schon beinahe peinlich war.

„Nein, wir kamen erst vor ein paar Wochen mit dem letzten Transport hier an, der in den Westen ging. Der nächste sollte in den Osten geführt werden.“

Abermals sah mich der Portier nachdenklich an und sagte: „Bisher hat sich noch niemand aus dem Ort einen Soldaten zum Hl. Abend eingeladen. Bitte kommen Sie morgen, ich muß fragen, wer noch hier verbleibt, denn viele fahren weg, zu Bekannten oder Freunden.“

Vorerst waren die Kinder enttäuscht, aber sie ließen sich beruhigen. Wir würden gewiß einen Soldatengast bekommen. Als ich am nächsten Morgen erschien, meinte der Herr: „Ja, da haben Sie Pech gehabt, bis auf zwei fahren alle weg. Ich kann nicht einen Kameraden allein im Hause lassen.“

Blitzschnell überlegte ich: Fisch gab es genügend und Kartoffeln hatten wir auch genug. Aus den noch aus der Heimat mitgebrachten Zutaten hatte ich etwas gebacken, bei einer Familie, welche einen Ofen mit Backrohr hatte.

„Bitte", sagte ich, „überlassen Sie uns die beiden." Er nickte, und ich merkte, daß er beruhigt war.

Nun holte er die Gäste um sie mir vorzustellen und uns bekannt zu machen.

Da kamen sie. Der eine, sehr langsam an der Wand Halt suchend, der andere schien auch an den Beinen verletzt zu sein und ging mühselig auf uns zu.

Wir begrüßten uns und ich lud die beiden Männer freundlich ein, den Heiligen Abend mit uns zu verbringen, mit meinen drei Kindern und mir. Mein Mann sei noch vermißt, erklärte ich.

Der von den Kindern sehnlichst erwartete Heilige Abend war da. Der Bub half dem Mesner in der Kirche bei den letzten Vorbereitungen zur Christmette und da er Oberministrant war, informierte er auch die kleinen Buben über ihre Aufgaben. Nachher gingen sie alle gemeinsam unsere Gäste abzuholen.

Ich trug das tags vorher geschmückte Bäumchen aus dem Keller herauf, legte die spärlichen Geschenke darunter und entzündete die Kerzen.

Vier Paar Socken hatte ich zufällig vor dem Zugriff der Plünderer gerettet, die wollten wir unserem Vati geben, bis er heimkehren würde. Nun machte ich zwei nette Päckchen, denn was hätten die beiden Mädchen gedacht, die noch fest an das Christkind glaubten, welches alle Menschen beschenkt, wenn die Gäste nichts bekommen hätten.

Es wurde ein harmonischer Heiligabend. Die Kinder waren froh und glücklich, sangen und beteten und wir saßen beim hübsch gedeckten Tisch, mit „geliehenen" Tellern. Nach der Bescherung spielte einer der Soldaten mit den Kindern in einer Ecke des Zimmers, während ich mir in der Küchenecke zu schaffen machte. Unser Domizil hatte seine Abteilungen: Schlaf-, Küchen- und Arbeitsecke.

Der sehr gehbehinderte Soldat kam zu mir und sagte stockend: „Ich danke Ihnen, liebe gnädige Frau, für die nette Aufmerksamkeit. Aber ich benötige keine Socken, ich habe Prothesen an beiden Beinen."

Neujahrgedanken

Das alte Jahr ist nun vergangen –
es war ein Jahr voll Plag und Mühn,
der Himmel ist auch jetzt verhangen,
dunkle Wolken drüber ziehn.
Doch danken wollen wir trotz allem,
dem Herrgott der Welten immerdar,
daß er gab sein Wohlgefallen
und seine Güte im alten Jahr.
Das neue Jahr liegt noch verborgen –
verschleiert noch vor unsrem Blick,
ob es uns Sorgen bringt ob Freuden,
bringt es uns Frieden, Heimat, Glück?
Wir wissens nicht – und das ist gut –
Gott der Allmächtige soll es walten,
wir stehen fest in seiner Hut
und wollen seinen Willen halten.
(Jan. 1947)

Um Himmelswillen die Wurst!

Nach meinem ersten Besuch eines Konzertes im „Haus Adlerberg" ging ich noch öfter in dieses gastfreundliche Haus. Wieder einmal freute ich mich auf so eine herzerfrischende Veranstaltung.

Als ich gegen 22 Uhr nach dem Konzert das Haus verließ, goß es in Strömen. Die Lichteinschränkungen waren noch nicht aufgehoben und die Straßen waren daher nur spärlich beleuchtet. Da hörte ich jämmerliches Miauen. Ich bückte mich und sah vor mir ein junges Kätzchen, mitten am Gehsteig. Ich brachte es nicht übers Herz, es so hilflos liegen zu lassen, denn die Gefahr bestand, daß es totgetreten würde.

So hob ich es auf und steckte es unter meinen Mantel, wo es sich sogleich beruhigte und warm an meiner Brust lag.

Vor der Zimmertüre im Korridor wollte ich es in einen Karton betten und morgen weitersehen.

Was wohl mein tierliebendes Trio für Augen machen würde, morgen früh?
Morgen, ja denkste! Es kam ganz anders als ich es geplant hatte.

Kaum betrat ich den Raum und knipste das Licht an, erwachte das Viehcherl und begann laut zu miauen ... Wie von der Tarantel gestochen fuhren alle drei in die Höhe. Die Achtjährige rief mit verzücktem Blick: „O Mutti, so ein liebes Katzerle, dürfen wir es behalten?"

Ich zögerte mit der Antwort und setzte den Kindern auseinander, daß wir ja nur ein Viertel Liter Magermilch bekämen. Da mischte sich die Kleinste ins Gespräch und sagte bettelnd: „Ach Mutti, ich will ja gar keine Milch, ich trinke gern Kamillentee, da haben wir genügend Milch für die Muschi." Einen Namen hatte also das Kätzchen auch bereits.

Als sich die Wogen geglättet hatten, suchte ich einen Schuhkarton und bereitete für das Tierchen ein Nest, um es vor die Tür zu stellen.

Da erhob sich ein dreistimmiger Protestschrei: „Bitte, bitte Mutti, laß sie nur die eine Nacht, die einzige bei uns im Zimmer, sie ist so allein draußen ...".
Aus der einen Nacht wurde ein Dauerzustand. Wir hatten einen „Dauermieter und - Mitesser".
Muschi war, so unglaublich es klingt, obzwar so winzig klein, absolut zimmerrein. Wenn sie „Gassi" mußte, kratzte sie an der Türe.

Ihr Plätzchen war unter einem „Flüchtlingsofen", wie das kuriose Unikum hieß, welches uns vom Landratsamt zugewiesen worden war.
Etwa 55 cm lang, 35 cm breit, stand es auf vier dünnen eisernen Füßen. Dieser Ofen besaß kein Türl und man mußte oben die runde kleine Platte abheben und die ungefähr 10 cm großen Holzstückchen hinein legen.
Stundenlang machte mein 12-jähriger Bub diese Holzstückchen zurecht.

Nun mußte ich nicht mehr das tägliche Eintopfgericht, den „Pickelsteiner", wie wir es nannten, holen und kochte selbst. Abwechselnd: Kartoffelsuppe, Kartoffelgulyas, gestampfte oder eingebrannte Kartoffeln.

Dazu benötigte ich beinahe vier Stunden, denn ich konnte nur 4, höchstens 5 der kleinen Holzstückchen in den Ofen legen. Dazu mußte ich den schweren Eisentopf (aus Kanonen gefertigt) herunterheben, Holz einlegen und so fort. Diese Sisyphusarbeit war meine vormittägliche Beschäftigung.

Obwohl dieser Ofen kaum Wärme abgab, so war er doch der Ruheplatz unseres Untermieters: Muschi.

An Wochenenden konnte man eine Blutwurst mit un-definierbarem Geschmack kaufen. Aber es gab doppelte Ration auf einen Abschnitt der Fleischmarken. Folglich war es doch eine Rarität und ich wollte es mal versuchen, so ein Sonderangebot zu besorgen. Samstags legte ich diesen Sonntagsmenüeinkauf auf die Fensterbank.

An diesem Abend wollte unsere Muschi absolut nicht ins Bettchen. Sie saß mir gegenüber am Fenster und starrte mich mit ihren großen grünen Augen unentwegt an.
Wir gingen der großen Kälte wegen sehr zeitig zu Bett, denn im Januar hatte es oft 20 Grad unter Null und wir wärmten uns zu viert aneinander.

Die Kinder waren bereits eingeschlafen, mich hinderte die Katze daran.
Ich brachte sie einige Male in ihr Nest – aber kaum war ich im Bett, sprang sie wieder munter unter das Fensterbrett und blickte mir starr ins Gesicht. Bald gab ich es auf und schlief ein.

Plötzlich erwachte ich durch lautes Rascheln. Ich rief entsetzt: „Um Himmelswillen die Wurst!" Von dem Schrei erwachten die Kinder und bei angeknipstem Licht sahen wir die Bescherung. Muschi hatte unser ganzes sonntägliches Essen verzehrt. Ich sprang erzürnt aus dem Bett, da aber schrie Elsbeth: „Bitte Mutti, tu ihr nichts, ich will gar keine Wurst, ich esse gern Erdäpfel." Die beiden anderen Geschwister schlossen sich ihrem Wehgeschrei an.

Mit tränengefüllten Augen sahen mich die Kinder an und ob dieser Zerknirschtheit schwand mein Zorn dahin, während Muschi schuldbewußt ins Nest schlich. Das Wurstpapier lag zerrissen als „corpus delicti" am Boden.

Katzenlied

Der Kater wartet schon am Dach
es wird ihm langsam bange –
wo Miezekatz nur bleiben mag,
es dauert ihm zu lange:
O Miezekatz komm her Miau,
so hört man seinen Schrei, Miau,
o Miezekatz Miau.
Die Miezekatz ist noch zuhaus,
die macht sich heute schön,
die putzt sich aber fein heraus
zum frohen Wiedersehen:
O Kater ich komm schon, Miau,
so hört man ihren Ton, Miau,
o Katerchen Miau.

Wünsche

Alle Sehnsucht die zu Grab getragen,
alle Wünsche die gestorben sind,
kommen mit den Sonnenstrahlen wieder,
kehren wieder mit dem Frühlingswind.
So aufs neue neigen sich die Herzen
frohgestimmt dem schönen Leben zu –
und aus sehnsuchtstrunknem Herzen
wiederum ersteht das längst verklungne „DU",
o wie fächelt uns Erinnerungen
um die Stirne, ach, der Frühling lind.
Doch so leise sie gekommen schwinden wieder,
Sehnsuchtsträume mit dem Frühlingswind.

Bewahre dir ein föhlich Herz

Bewahre dir ein fröhlich Herz
rein und liebevoll
und hege gegen niemanden
in deinem Innern Groll -
Und ist dein Herze übervoll
an Freude und Entzücken,
dann denk, daß oft ein kleines Wort
den Andren kann beglücken.
Ein liebes Wort vermag oft mehr
als Schätze, Gold und Geld –
und gäbst statt Liebe Reichtum nur
wie arm wär doch die Welt.
Bedenke oft, vergiß es nie,
daß du getaufter Christ,
dessen höchste Menschenpflicht:
„NÄCHSTENLIEBE" ist.

Sechs Porzellanteller

Beim Verband der Kriegsopfer und -Hinterbliebenen wählte man mich als Frauenreferentin.

Es gab in dieser Zeit viel Schreibereien, da unzählige Formulare auszufüllen waren.

Trotz der noch schweren Zeit und dank der Tegernseer Geschäftsleute und der Gebefreudigkeit der Bewohner, hatte der Vorstand seinen Mitgliedern eine schöne Weihnachtsfeier ausgerichtet, so daß für alle Gäste ein Freilos bereitstand.

Für die Vertriebenen war es die erste Weihnachtsfeier und schlechthin „das Fest".

Die meisten Frauen waren Kriegerwitwen oder warteten auf ihre vermißten Männer und Söhne.

So war diese Feier das „Familienfest" der „VDK-Familie".

Als Frauenreferentin saß ich neben dem Bürgermeister und den Geistlichen beider Konfessionen. Viele Persönlichkeiten des öffentlichen Lebens waren Gäste an diesem Festabend.

Nach den Begrüßungen, Ansprachen und Liedern gab es ein Festessen und anschließend ein geselliges Beisammensein. Staunend bewunderten alle die auf den hohen Stellagen aufgestellten Geschenke. Es gab keine Nieten, jedes Los gewann.

Der Bürgermeister bat mich, ihm auch sein Los einzulösen. Mit großer Erwartung nahm ich meinen Gewinn in Empfang und erlebte eine Enttäuschung beim Auspacken: Briefpapier mit Umschlägen der Inhalt. Wir hatten kaum genügend Geld für Lebensmittel, Briefmarken waren Luxus.

Nun öffnete der Bürgermeister sein Paket. Es waren sechs Porzellanteller, echte Suppenteller.

Wie nötig hätten wir diese gebraucht. Vier graumellierte Emailteller und ebensolche Häferln (wie man daheim die Kaffeeschalen nannte), dies war unser ganzes Eßgeschirr.

Ob der Bürgermeister in meinen Augen die Sehnsucht nach diesen raren Tellern sah? – Mit dem vertrauten „Du", mit dem er alle Leute im Ort ansprach, sagte er: „Magst des? Was mach i mit dem Glump?" – Und ob ichs mochte. Vor Freude hätte ich ihn am liebsten umarmt.

Beglückt nahm ich die sechs Porzellanteller entgegen, dies war unser erstes richtiges Eßgeschirr nach der Vertreibung.

Glücklich ist nur wer andre beschenkt

Glücklich ist nur der,
der andre beschenkt –
der nie an sich selbst,
sondern an andre denkt.
Merk wohl, daß ein Egoist
nie wirklich glücklich ist.
Nur was wir ohne Bedenken,
vom Herzen gern verschenken,
kehrt ins eigne Herz zurück.
Und dies nennt man: GLÜCK!

Drei Scheiteln Holz

Wie Heuschrecken kamen die Heimatvertriebenen aus Ostpreußen, Schlesien und aus dem Sudetenland ins Tegernseer Tal und belegten die noch freien Quartiere in kleinen Pensionen und Privathäusern.

Ich sage, die noch freien – denn die Hotels und großen Pensionen, sowie das herzogliche Schloß beherbergten die evakuierten Kliniken und Krankenhäuser aus München.

So kam auch der letzte Transport aus dem „Kuhländchen", wie die ehemalige Kornkammer im Sudetengau hieß, im Kreis Miesbach an. Unser Domizil war eine einst vornehme Pension. Als letzte kamen wir, meine drei Kinder und ich, aus dem Lager und mußten mit einem ehedem als Leseraum benutzten Zimmer vorlieb nehmen. Mit drei Fenstern neben der Tür zum Garten, ohne fließendes Wasser, so hauste ich mit den drei Kindern. Statt eines Schrankes hatten wir einen Kleiderständer, den ich Kandelaber nannte, wie so ein Stück in Osterreich hieß. Die Kinder amüsierten sich über diesen Ausdruck.

Das tägliche Essen holten wir aus der nahegelegenen Hotelküche und der menschenfreundliche Koch schöpfte, wenn niemand an der Theke stand, eine Gratisportion dazu.

Obwohl wir einige Reichsmark herübergebracht hatten, nützten sie uns nichts, denn es gab ja kaum etwas zu kaufen.

In dem jetzigen Wartehäuschen der Schiffahrt am Rathaus war ein kleiner Gemüseladen. Ich sah eine lange Menschenschlange stehen. Was es gab, konnte ich nicht sehen, stellte mich aber ebenfalls an. Vorne angekommen las ich auf einer Tafel: Heute frische rote Beete. Wie überrascht war ich dann, rote Rüben zu sehen. Der Ausdruck „Rote Beete" war uns fremd und die Kinder lachten noch lange über diese kleine Episode.

Obst und Gemüse waren für uns jahrelang ein Fremdwort. Nur die würzige Seeluft, die wunderschöne Gegend konnten wir genießen. So gingen wir viel spazieren um den Kreislauf in Schwung zu halten.

Bei einem solchen Spaziergang fiel mir ein handgeschriebenes Plakat auf: In einem Privathaus gab man ein Kammerkonzert bei sehr mäßigem Eintritt. Aber betont wurde: Jeder Gast sollte zwei bis drei größere Scheiteln Holz mitbringen. Brennmaterial war damals Mangelware und nur auf Bezugschein vom Gemeindeamt in beschränktem Maße zu bekommen.

Die Wälder rings ums Tal waren daher sauber ausgeklaubt. Jeden Tag ging ich also in dem milden Herbstwetter spazieren und las immer wieder das Plakat mit der Ankündigung des Konzerts. Die einzige Voraussetzung um an diesem Konzert teilzunehmen: Drei Scheitln Holz!

Dies wäre ohne meinen 12-jährigen Buben ein fast unlösbares Problem gewesen.

Erinnerungen wurden wach. Das letzte Konzert hatte ich während eines kurzen Fronturlaubes meines Mannes erlebt. Nun wollte ich nach langer Zeit wieder Gelegenheit haben, geistig und seelisch aufzutanken.

So ging ich also los, bewaffnet mit drei großen Holzscheiteln, in das angegebene Haus Adlerberg.

In der kleinen, aber mit auserlesenem Geschmack eingerichteten Diele, empfingen drei vornehme Damen die Gäste, eine bereits betagte und zwei etwas jüngere Damen – wie ich dann erfuhr, waren es eine Mutter mit ihren beiden Töchtern, welche dies schöne Haus bewohnten. Alle drei Frauen trugen lange Roben – wie lange hatte ich solche Abendkleider nicht mehr gesehen? Wohlige Wärme umfing mich und ich konnte es kaum fassen. In diesem Salon, der sich bald mit Besuchern füllte, fühlte man sich geborgen wie in einer Familie. Eine harmonische Zusammengehörigkeit, man lächelte sich zu wie unter Freunden.

Es wirkte fast grotesk, wenn Damen, in Pelze gehüllt – Schätze aus guten Tagen – ihre Holzscheiteln aus dem Heimatblatt, der Tegernseer Zeitung, wickelten.

Es blieb nicht bei diesem ersten Hauskonzert in diesem gastfreundlichen Haus. Aber der erste Besuch hinterließ bei mir einen nachhaltigen Eindruck.

Viele Menschen, welche damals diese Musikabende erlebten, sind verzogen, verstorben – aber diejenigen, die noch leben, werden gewiß nie diesen Kunstgenuß vergessen, welcher die triste Zeit erhellte und Hoffnung weckte für ein neues Vaterland.

Sooft ich am Ortsfriedhof am Grab der drei Damen vorbeigehe, steigt ein „Dankeschön" für die Abgeschiedenen empor.

Blumen für den Herrn Pfarrer

Blumen zu kaufen vor der Währungsreform und auch noch nachher, war purer Luxus, jedenfalls für uns Heimatvertriebene. Im Kurgarten wuchsen nur Spinat und Kohlrabi (wir bekamen nur die Blätter zu kaufen – die ganz Schlauen holten sich die wertvollen Knollen heimlich nachts).

Neben dem Rathaus und vor dem Strandbad waren kleine Anlagen mit wunderschönen Buschröschen, für alle Menschen eine Augenweide.

Der Ortspfarrer, Geistlicher Rat Bergmeier, hatte einen runden Geburtstag. Ich war als Schreibkraft beschäftigt und wollte ihn erfreuen. Mit einem selbstgedichteten Glückwunsch und mit Blumen sollten meine beiden Mädchen ihn überraschen. Aber woher die Blumen? Da kam mir ein Gedanke.

Am nächsten Morgen, die Kinder schliefen noch, schlich ich mich aus unserem „Appartement" in die Anlagen beim Strandbad, bewaffnet mit einer Schere und einem Korb.

Keinem Menschen begegnete ich, es dämmerte ja erst, das war mir recht und es nahm mir die Angst.

Überglücklich schnitt ich ein paar Röschen ab und legte sie behutsam ins Körbchen. Da bemerkte ich einen Mann, der mich, so schien es, bereits längere Zeit beobachtet hatte. Ich erschrak sehr und dachte, es sei gewiß der Parkwächter der Gemeinde.
Schüchtern erzählte ich ihm von meinem Vorhaben, dem Ortspfarrer eine bescheidene Freude machen zu wollen. Als Heimatvertriebene. Mit drei kleinen Kindern, der Mann vermißt – so wollte ich sein Herz erweichen.

Ruhig hörte sich der Mann mein Lamentaci an, dann unterbrach er mich und sagte in echtem Sudetendeutsch: „I bin a a Flichtling. Hob net schlofn kenna und bin a weng spaziern gonga."

Sonnenkind

Man meint ich sei ein Sonnenkind
weil ich stets lache und singe –
und keiner kennt mein wundes Herz
und was ich für Opfer bringe.
Was brauchen die Leute wissen
wie`s mir im Innern brennt –
die Menschen sind oft wie Schemen
und keiner die Seele erkennt.
Drum berg ich Leid und Kummer
ganz tief in meiner Brust
und zeige mich der Welt
freudig und voller Lust.
Denn zeigst du die Leidensmiene
fliehen alle zurück –
keiner liebt Klagen und Tränen,
jeder ersehnt nur Glück.

Frühlingslied

Leise, leise, kam der Frühling
über Nacht.
Blumen, Wiesen, Wälder, Felder
sind erwacht
Hört ihr nicht das leise zwitschern
in der Luft?
Spürt ihr nicht den herzerquickend
süßen Duft?
Vöglein singen ihre Lieder fröhlich
in die Welt.
Und zu all dem lauten Jubel sich
die Sonn gesellt.
Und ein Blümlein nach dem andren
hebt das Köpfelein,
lauschen alle auf das Läuten von
Maiglöcklein.
Herz, mein Herz, sei nicht
mehr traurig, auch du sollst
dich freun.

Erster Jahrmarkt

Ganz aufgeregt kam mein Vierzehnjähriger heim und meldete: „Denk nur Mutti, draußen hängen Plakate, am Sonntag findet ein Jahrmarkt statt. Ich weiß, wie schön immer ein Jahrmarkt war, auch Elsbeth erinnert sich gewiß daran, aber Ika kann sich gar nichts darunter vorstellen. Bitte, bitte, gib ihr etwas Geld und ich bleibe mit Elsbeth dafür zu Hause."

In den schönsten Farben malte der Bruder seiner kleinen Schwester so einen Jahrmarktsbesuch aus. Was es da alles gäbe, Dinge, von denen unsere im Krieg Geborene keine Ahnung hatte. Und er erzählte: „Da gibt es gebrannte Nüsse, Mandeln, türkischen Honig, Spielzeug, Lose und vieles mehr."

Wir waren noch „Fürsorgeempfänger", nachdem die Renten, so schien es mir, noch nicht alle berechnet waren.

Ich konnte dem Kind folglich nur 50 Pfennige geben. Immerhin bekam man für dieses Geld zwölf Semmeln, oder eine Tüte Zuckerzeug, oder ein Stück warmen Leberkäse mit einer Semmel, oder, oder ...

So ging die Kleine, das Geldstück fest in der Hand haltend zu ihrem ersten Jahrmarkt.

Sehr neugierig und ungeduldig warteten die Geschwister auf die Rückkehr ihrer kleinen Schwester und auch ich muß gestehen, daß ich begierig war, zu erfahren, was sie über ihr Erlebnis erzählen würde.

Endlich kam sie mit hochroten Backen und wurde mit Fragen überhäuft. In einer Hand hielt sie krampfhaft ein 20-Pfennigstück, in der anderen fest verschlossenen Hand etwas ganz Klebriges, Undefinierbares, halb Abgelutschtes. Und sie begann zu erzählen: „Wie ich bei der Uhlschmied vorbeiging hat sie mich hereingerufen und hat mir eine Mark gegeben." (Unsere Milchfrau, Marienscheinerin).

„Gleich bei ihrer Stiege zur Rosenstraße ist ein Bettler gesessen, der hatte keine Beine; dem habe ich 10 Pfennige gegeben. Bei Loybäck ist wieder ein Soldat mit nur einer Hand gesessen, dem hab ich 10 Pfennige gegeben. Und vorm Bömmel war noch einmal ein Verwundeter, dem hab ich nur 5 Pfennige geschenkt. Dann habe ich mir um 5 Pfennig etwas Süßes gekauft" – sie öffnete die Hand, die total verklebt war – „und jetzt habe ich noch 20 Pfennige übrig."

Meine beiden Großen schwiegen. Ich verbarg meine Rührung, schluckte ein paarmal, die aufkommenden Tränen der Freude verbergend.

Ich war sehr stolz auf meine Jüngste.

Lehre dein Kind beizeiten

Lehre dein Kind beizeiten,
Menschen und Tiere lieben,
dann wird es die Seele weiten
und niemanden betrüben.
Lehre es Mitleid haben,
mit allen die in Not –
dann wird es jeden laben,
mit Güte und mit Brot.
Ein liebes Wort zur rechten Zeit
ist wie ein Sonnenstrahl –
der oft in Kummer und im Leid
leuchtet mit einem mal.
Drum lehre dein Kind beizeiten
Liebe und Freude säen –
dann wird es immer glücklich,
durchs Erdenleben gehn.

Er sah mit unseren Augen

„Wer kann sonntags Schwerbehinderte aus dem Steinmetzlazarett mit zum Gottesdienst nehmen?" So fragte der Geistliche Rat nach einer Hl. Messe.

Die Kinder gingen noch in die Turnhalle, wo sich die Kath. Jugend stets traf. So ging ich allein ins Lazarett und sagte einer Schwester, was der Ortspfarrer von der Kanzel verkündet habe.

„Ach, das ist schön, ich habe hier einen hundert Prozent Blinden aus dem Sudetenland. Er ist katholisch und wird sich freuen. Wir Schwestern haben keine Zeit, unsere Patienten vormittags zur Kirche zu führen."

„Ich bin aus dem Protektorat" erwiderte ich, „war aber bis zur Vertreibung im Ostsudetengau." Die Schwester rief in den Saal hinein: „Herr Z., haben Sie Lust sonntags mit einer sudetendeutschen Frau zur Kirche zu gehen?"

Er bejahte und Schwester Susi führte ihn an der Hand zu mir und stellte ihn vor. Es war ein sehr junger stattlicher Bursche. Sehr dunkle, beinahe schwarze Brillen, fast zu groß für das blasse, schmale Gesicht, verdeckten die Augen. Was mir in den kurzen Minuten unseres Bekanntwerdens am meisten auffiel, war der Ernst des Gesichtes und der zu einem Strich zusammengepresste Mund. Die Mundwinkel waren tief herabgezogen, was dem jungen Gesicht einen verbitterten Ausdruck verlieh.

Ich versprach, ihn zum nächsten Gottesdienst abzuholen. Und so war es dann auch. Ich nahm seinen Arm und spürte, wie er bei der leisesten Bewegung oder einem Zögern sofort reagierte.

Nach altem Brauch hatten die Einheimischen in den Bänken ihre Namenstafeln – nur die hinteren Bänke waren unbeschriftet und den Gästen bzw. Heimatvertriebenen vorbehalten. So setzte ich ihn in die letzte Bank und versprach, ihn wieder abzuholen, wenn ich vom Chor zurückkäme. So geschah es dann auch.

Eines Tages nahm ich ihn mit in unser Lager-Zimmer, wo er meine Kinder kennenlernte. Das Trio plauderte ganz unbefangen mit ihm. Durch die dunklen Brillen konnte man nur schwer die fest geschlossenen Augen sehen.

Bald waren wir gute Freunde, aber nie konnten wir ihm ein Lächeln, geschweige denn ein Lachen entlocken.
Oft klagte er über heftige Kopfschmerzen und sagte, daß sich eine der Schwestern sehr um ihn sorge.

Es hat mir sehr leid getan, daß ich keinen Zugang zu seinem Inneren fand. Schweigsam und in sich gekehrt saß er da und hörte zu, schien aber stets abwesend zu sein. Er konnte, so schien es mir, die Dunkelheit, die ihn umgab, nicht verkraften.
Bis eines Tages der Eisberg, der sein Herz umschloß, schmolz.

Der Sommer hielt Einzug ins Tegernseer Tal. Unser Gast, sehr sensibel, wie ich seit Beginn unserer Freundschaft bemerkt hatte, schien die Luft zu schnuppern. An kleinen Bemerkungen erkannten wir, daß er alle Düfte genau unterschied. Auf der Wiese den Klee, die Flieder- und Ginstersträucher, Holunder und so fort.

Es wurde jeden Tag wärmer und wir konnten daran denken, schwimmen zu gehen. Eines Tages fragte ich so nebenbei: „Können Sie schwimmen?" Sein Gesicht bekam einen völlig anderen Ausdruck. Ich dachte bedrückt, daß, wenn er sehend wäre, die Augen gewiß leuchten würden. Sehr lebhaft erwiderte er: „Ich war einmal ein guter Schwimmer" – und schon erlosch das innere Leuchten seines Gesichtes wieder. „Das ist fein", ich gab meiner Stimme einen härteren Klang, um mein Bedrücktsein zu verschleiern, „haben Sie Lust, sich uns anzuvertrauen und mit uns schwimmen zu gehen? Mein Sohn ist ein ausgezeichneter Schwimmer – und ich selbst habe bereits als junger Mensch vier andere vor dem Ertrinken

gerettet. Sie könnten also furchtlos mit uns schwimmen gehen. Der See ist ja direkt vor unserem Haus."
Und tatsächlich mußten wir nur über die Straße gehen, einige Stufen dort führten direkt ins Wasser. Wir nahmen ihn in unsere Mitte und merkten sofort, wie gelöst und beinahe unbeschwert sich unser blinder Freund in dem klaren erfrischenden Bad wohlfühlte.

Von diesem Tag an war er gesprächiger, der Ausdruck seines Gesiechtes änderte sich. Wir waren sehr froh und glücklich darüber.

Meine beiden Mädchen holten ihn stets ab und gingen dann in den Garten spielen. In dem einst renommierten „Hotel Bayerischer Hof" waren viele Familien mit Kindern untergebracht. Dazu kamen die einheimischen Kinder aus den umliegenden Häusern, sodaß sich oft eine ganze Horde Kinder im Garten vergnügte. Die Besitzerin, eine Berlinerin, war ihnen gegenüber sehr lieb und wohlwollend. Nur ab und zu, wenn das Geschrei überlaut wurde, kam sie heraus und rief: „Husch, husch, ins Körbchen." Die Kinder verstummten oder verschwanden, um nach einer Weile wieder unbeschwert weiter zu spielen.

An so einem Nachmittag, während draußen Kinderlachen zu hören war, saß ich mit unserem Freund bei einer Tasse Kaffee.

Er begann, vorerst stockend und gehemmt, zu erzählen. Beinahe beschämt hörte ich, wir hätten ihm das Vertrauen zu den Menschen wiedergegeben.

Seine Erzählung war so haarsträubend, daß man es kaum wiedergeben kann:
Auf der Flucht vor den Russen, in einem unbeschreiblichen Chaos, wurde er aus einer Gruppe isoliert, wurde geschoben, gestoßen, kurzum er landete todmüde auf einer Bank. Da näherten sich ihm zwei Menschen, ein Mann und eine Frau. Ob jung oder alt, ledig oder verheiratet, erkannte er nicht. Als sie merkten, daß er blind sei, machten sie sich erbötig, Hilfe

zu holen, damit er vom Roten Kreuz oder einer Wehrmachtseinheit mitgenommen würde. Sie nahmen ihm alle Papiere, Geld, kurzum alles, was er bei sich hatte, ab und kamen nie wieder.

„Wie lange ich auf dieser Bank saß, weiß ich nicht Ich hatte überhaupt kein Zeitgefühl. Resigniert saß ich da und wartete. Worauf? Ich wußte es nicht." So seine Erzählung. Wie er schließlich doch gefunden und von Kameraden weiter mitgenommen wurde, um schließlich und endlich im Tegernseer Lazarett zu landen. Sein Vertrauen in die Menschen habe er dadurch total verloren. Und dies – so sagte er – hätten wir, meine Kinder und ich und die ihn umsorgende Schwester Susi, ihm wiedergegeben.

Nach einigen Monaten gab es eine Doppelhochzeit und das kam so:
Der Soldat mit den Prothesen fand seine Familie in Berlin wieder und kehrte heim. Der zweite beinverletzte Schlesier fand niemanden von seiner Familie wieder und eine Angestellte des Lazarettes wurde seine Frau. Unser blinder Freund fand seinen Lebenskameraden in Schwester Susi.

Und so fand eines Tages eine Doppelhochzeit statt zu der ich geladen war. Der Beinverletzte sollte in der katholischen Kirche heiraten und unser blinder Freund in der evangelischen Kirche.

Meine Kinder und ich standen vor der katholischen Kirche und erwarteten das Brautpaar. Da kamen sie, ganz einfach gekleidet und zu Fuß, während Schwester Susi im weißen Kleid und Brautschleier in einer Kutsche zur evangelischen Kirche fuhr … Wir waren darüber sehr traurig und es bedrückte uns sehr, insbesondere meinen Buben, der – wie ich sah – Tränen in den Augen hatte. Übrigens sah ich damals meinen Sohn das letzte Mal weinen.

Nachher war die Hochzeitsfeier im Lazarett und ich war abwechselnd bei der einen und anderen Feier zugegen.

Einige Zeit lang blieben wir noch brieflich in Verbindung, später hörten die Kontakte dann auf.

Was uns besonders beeindruckte war, daß unser blinder Freund durch die intensive Mithilfe seiner Frau die Blindenschrift, Stenographie und fehlerlos Maschineschreiben erlernte.

SOMMER 1986: Es läutet an der Wohnungstür. Ich öffne, vor mir stehen ein Mann und eine Frau. Im Bruchteil von Sekunden überlege ich, woher ich die beiden wohl kenne. Durch mein Augenleiden und im düsteren Korridor erkannte ich die beiden vorerst nicht.

Da lächelte mich der Mann an und sagte: „Weihnachten 1946!" Es war einer der beiden Schwerverletzten, welche mit uns den ersten Heiligen Abend in der neuen Heimat mitgefeiert hatten, und bei dessen Hochzeit ich anwesend gewesen war.

Wann ist Friede?

„Frieden ist, wenn ich Eierspeise essen kann, so viel ich mag, dann erst weiß ich, daß Frieden ist" – so mein Bub als er mal gefragt wurde, wann für ihn Friede sein würde.

„FRIEDE" war bei den größeren Kindern gleichbedeutend mit Einkauf von Lebensmitteln ohne Karten und nach Belieben. Also, Eier als Hauptmahlzeit konnte ich den Kindern kaum geben. Aus einem Ei machte ich für uns alle eine Suppeneinlage.

Einmal fragte ich meinen Großen: „Von wieviel Eiern magst Du eine Eierspeise?" Er sah mich mißtrauisch an, gab keine Antwort, sodaß ich die Frage nochmals wiederholte. Er erwiderte: „Halt mich nicht zum Narren und veräpple mich nicht, Mutti." „Hier hast Du Geld und wieviele Eier möchtest Du haben?" „Vier" erwiderte er stotternd und ungläubig. „Und die Marken" so sagte er zögernd. „Benötigen wir nicht mehr, man bekommt das meiste schon ohne Lebens-mittelkarten", meinte ich lachend. „Weißt Du denn nicht, daß ich nicht mehr bei der Lebensmittelkarten-Ausgabe am Rathaus helfe?"

Nein, er wußte es nicht – die Schule, die neuen Freunde, der See, die Berge, alles gab es neu zu entdecken, zu erforschen – und so bekam er es gar nicht mit, daß man ohne Karten die meisten täglichen Dinge bekam – denn die Einkäufe besorgte ich ja selbst.

Und so bekam er, nach jahrelanger Sehnsucht auf diese Speise, endlich Eierspeise von vier Eiern.

Christ sein

Wie klein und töricht die Menschen oft sind
sie handeln und feilschen um nichtige Sachen,
bleiben für große Dinge blind,
verlernen sogar das Frohsein und Lachen.
Wenn einer Christ ist – und meinet groß:
„Ich bin ein Christ" – und ruhet still,
leget behaglich die Hand in den Schoß
und läßt alles laufen wie es will ...
Dann ist er nicht wert sich Christ zu nennen.
„Christ sein" heißt heute, es offen bekennen.
„Christ sein" heißt stete Opfer bringen,
nicht abseits stehen, sondern kämpfen und ringen.

Ich halte still

O Gott, warum nahmst du die Ruhe mir
und senktest Gluten mir in meine Seele?
Soll ich dir danken, zürnen dir?
Wirds frommen mir, was ich erwähle? –
Ich knie vor dir und möchte beten
und kann es nicht, so sehr ich es auch will;
du kannst empor mich heben oder mich zertreten.
Tu, was du willst ... ich halte still.

Entsagung

Gibt dir das Leben nicht was du erträumt
erfüllt es deine Wünsche nicht –
glaub nicht du hättest was versäumt
wenn einmal etwas dir zerbricht –
verströme du nur immer wieder Liebe,
tu allen Menschen deine Güte kund,
es ist das einzige nur, was dir verbliebe
ein liebes Wort – ein Lächeln um den Mund.
Es geht vorüber alles: Freud und Leid –
nur was wir Gutes wirken bleibt bestehn –
an dieses denke jederzeit
und Gottes Odem wird dich stets umwehn.

Ich bitte Gott

Ich bitte Gott er möge Kraft uns geben,
daß wir in unsrem ganzen Leben
nur Gutes tun –
einander lieben wollen,
daß nichts zur harten Pflicht uns wird,
zum „Müssen", „Sollen".
Daß wir der Armen in der Welt gedenken,
nicht Almosen streun, nein
GABEN schenken.

Tegernseer Lied

Im Tegernseer Tale
im schönen Bayernland,
fanden wir Heimatlose
ein neues Heimatland.
Die Straßen und Gassen
so traulich und schön,
„Patronia Bavaria" auf
den Häusern zu sehn.

Refrain:
Tegernsee du liebliches Tal
dich grüßen wir vieltausendmal
du unsre neue Heimat,
Tegernseer Tal ...
Am Riederstein, Wallberg,
ein Kirchlein steht,
ladet uns alle
zum stillen Gebet.
Im weiten Erdenrund
gibts keinen schöneren Ort,
als Tegernsee, ja Tegernsee
unser neuer Heimatort.

Die liebe alte Heimat
vergessen wir nimmermehr,
und in Erinnerung wird uns
das Herz so schwer.
Doch gab uns der Herrgott
ein Fleckchen Erd,
die wir liebgewonnen,
die uns teuer und wert.

Refrain:
Tegernsee du liebliches Tal
dich grüßen wir vieltausendmal
du unsre neue Heimat,
Tegernseer Tal ...
Am Riederstein, Wallberg,

ein Kirchlein steht,
ladet uns alle
zum stillen Gebet.
Im weiten Erdenrund
gibts keinen schöneren Ort,
als Tegernsee, ja Tegernsee
unser neuer Heimatort.
(Nov. 1946)

Ergebung

Ohn murren und klagen
wollen wir tragen
was gott uns sendet
denn er wendet
zur zeit das geschick
nicht richten und rechten
das gute verfechten
voll großem vertrauen
auf gott stets bauen
zu ihm hin den blick
(Mai 1945)

An die Einheimischen

Ihr wißt nicht, was ihr wollt,
Wenn Ihr stets zankt und grollt
Und hadert mit dem Leben,
Wenn Ihr nur wüßt`,
Wie`s bitter ist
In banger Hoffnung schweben.

Ihr arbeitet, sät,
Ackert und mäht
Und erntet reife Frucht,
Derweil unser Herz
Im hoffenden Schmerz
Glück – und die Heimat sucht.
(1947)

nur ein dichterling

bin ich auch nur ein dichterling
sing ich aus voller kehle
und wenns auch manchmal nicht gelingt
kommts doch aus ganzer seele
lacht ihr leute lacht mich aus
es soll mich nicht verdrießen
soll ich eures lachens wegen
meine freude missen
ich will lustig weiter dichten
fröhlich sein und singen
jeden tag soll es aufs neu
in meinem innern klingen